# Inhaltsverzeichnis

# Einleitung

Es war ein schöner Tag im November 2013. An diesem Morgen hatte ich den Auftrag in einem Garten einige Sträucher und Bäume zu schneiden. Am Schluss musste noch ein etwas spezieller Baum gefällt werden. Bei dessen Anblick fielen mir seine Nüsschen auf und sein Holz, welches extrem gut zu Sägen war. Der Stamm war etwa 35 cm dick. Ich sägte ein paar Klötze ab, um sie nach Hause zu nehmen. Beim Hochstämmen des Holzklotzes bemerkte ich sofort das geringe Gewicht. Beim Aufladen der Äste kamen wieder die Nüsschen des Baumes zum Vorschein. Ich nahm einige mit, um herauszufinden, was dies für ein Baum ist. Doch ich wurde nirgends fündig.

Es ging langsam gegen die Adventzeit zu und da kam ich auf die Idee die Nüsschen goldig an zu sprühen, um diese dekorativ vor den Eingang zu legen, was ganz schön anzusehen war.
Aus dem einen Stammstück habe ich mit der Motorsäge ein Eichhörnchen gemacht. Dieses schenkte ich an Weihnachten meinem Omi und Opi.
Die andern Stammstücke wurden versehentlich von meinem Großvater zu Brennholz verarbeitet und somit war das mit dem speziellen Baum dann auch schon Geschichte.

Irgendwann im Frühjahr 2014 bemerkte ich, dass sich die Nüsschen der Weihnachtsdekoration geöffnet hatten und hunderte kleine Samen mit Flügelchen herausfielen.

Zu einem späteren Zeitpunkt blätterte ich in der Schule im „Wald und Holz" (Fachmachmagazin für den Forstbereich). Ich blieb dort bei einem spannenden Artikel stehen. „Rendite mit dem Turbobaum aus Japan" stand als Titel. Ich las den gesamten Text aufmerksam durch und fand ihn sehr interessant. Auf den Bildern war ein junger sogenannter Kiribaum mit riesigen, kräftig grünen Blättern, eine Holzscheibe, wo die riesigen Jahrringe ersichtlich waren und ein Champagnerkühler aus dem Kiriholz zu sehen.

Dieser Artikel brachte mich ins Staunen und ich setzte mich zu Hause vor den PC, um genaueres zu erfahren. Als ich mich erkundigte, wo es solche zu kaufen gibt, wurde ich auf einmal auf die Nüsschen, welche mit diesem Baum in Verbindung gebracht wurden, aufmerksam. Ich sprang sofort auf, ging zur Tür raus und holte die Nüsschen mit den Samen. Beim Vergleichen war der Zufall dann perfekt. Ich hielt unbewusst den beschriebenen Turbobaum aus dem „Wald und Holz" in der Hand. Ich holte sofort leere Dosen, füllte diese mit Erde und setzte die Samen ein. So wie das Keimen der Anfang eines Baumes ist, so ist diese Einleitung der Anfang meiner Vertiefungsarbeit.

Diese Geschichte, um den für mich neuen Baum, finde ich so interessant, dass ich, ob VA hin oder her, mehr über diesen Baum lernen will. Ich möchte nicht nur Informationen einholen damit ich ihn beschreiben kann. Ich will ihn studieren, erforschen und mich selber zum Experten machen. Ich fing bereits im März an, mir erste Gedanken zu meinem Projekt zu machte. Es war auch schon sehr viel getan bis dann in der Schule mal begonnen wurde über die VA zu sprechen. Als dann das OK seitens der Lehrperson kam, dass ich über den Kiribaum schreiben darf, wurde es dann sehr intensiv. Nach über 9 Stunden arbeiten im Wald, setzte ich mich am Abend oft noch 2-3 Stunden an die Vertiefungsarbeit. Am Wochenende wurde und wird auch sehr oft Zeit in dieses Projekt gesteckt. Es wurde regelrecht zu einem Hobby.

Kiri-Hörnli mit der Motorsäge geschnitzt. Weihnachtsgeschenk für Omi und Opi.

Ich werde von einer riesigen Motivationswelle angetrieben, so dass es für mich eine Leichtigkeit war diese Arbeit zu schreiben. Es machte richtig Freude diese VA zu erarbeiten und ich hoffe, ich kann hiermit den Kiribaum, welcher ich gerne als Baum der Zukunft bezeichne, den Lesern positiv näherbringen.

Die Kirinüsschen, welche später zur Weihnachtsdekoration dienten.

# Steckbrief Kiribaum

**Wissenschaftl. Name:**   Paulownia

**Deutscher Name:**   Blauglockenbaum, Kaiserbaum oder Kiribaum

**Wuchshöhe:**   15-20m

**Herkunft:**   Japan und Teile Südostasiens

**Wurzeln:**   Tiefwurzler

**Blüten:**   blau, violett, weiss, rosa, glockenförmig, zart angenehm riechend

**Blütemonat:**   April/Mai

**Früchte:**   bräunliche Kapseln

**Blätter:**   bei Jungpflanzen 60-80cm Durchmesser, später kleiner ca. 20cm

**Blattfarbe:**   saftig grün, im Herbst gelblich

**Standort:**   sonnig und wärmeliebend

**Boden:**   lockere, tiefgründige Böden, leicht sauer bis neutraler pH-Wert.

| | |
|---|---|
| **Holznutzung:** | Möbel, Türen, Musikinstrumente, Furniere. Holzwerkstoffe wie z.B. Spanplatten, Leimholzplatten, Sperrholzplatten. Sportgeräte wie Ski, Snowboard, Surfbrett etc. Im Flugzeugs - und Schiffsbau beliebt. Verwendung als Pellets wegen geringer Ascheproduktion. |
| **Schädlinge:** | Ist sehr widerstandsfähig gegenüber Fäulnis. Tierische Holzschädlinge sind nicht bekannt, Specht oder Wild könnte Schaden anrichten. |
| **Gewicht:** | geringes Gewicht von 300 kg/m3 (Eiche 540 kg/m3) |

## Geschichte

Der Wissenschaftliche Name Paulownia führt auf die niederländische Königin Anna Pawlowna zurück, welche die Tochter des russischen Zaren Paul I war. Im europäischen Alpenraum kennt man ihn auch als Kaiserbaum. Dies weil er der Lieblingsbaum von Kaiser Franz Joseph (Kaiser von Österreich – Ungarn) war. Dieser liess ihn im ganzen Reich anpflanzen. Das erklärt, warum in Österreichs Gärten und Parks oft ein Kaiserbaum anzutreffen ist.

Im asiatischen Raum existiert die Legende vom Ho-oh, einem Phoenix ähnlichen Vogel, welcher für die ewige Wiedergeburt der Seele steht. Dieser lässt sich nur auf dem Kiribaum nieder, des Weiteren symbolisiert er Glück und Fruchtbarkeit. Nach der Geburt eines Kindes wird ein Kiribaum gepflanzt, welcher Holz für deren Nachwuchs liefert um eine Wiege zu bauen.

Man sieht, der Kiribaum ist auf dem europäischen Kontinent nicht unbekannt, doch erst jetzt merken wir langsam, wie man ihn sinnvoll nutzen kann.

## Baum Wachstum

Ein Baum braucht zum Wachsen verschiedene Faktoren. Zum einen braucht er Nährstoffe aus dem Boden und Licht von der Sonne. Weiter braucht er seine Blätter, denn diese werden von der Sonne bestrahlt, wodurch Flüssigkeit verdunstet. Dadurch entsteht eine Art Sog. Durch die Wurzeln werden jetzt nämlich Flüssignährstoffe durch den Stamm hoch über die Äste bis hin zu den Blättern gesogen. Am Boden liegendes Laub, Äste, Steine etc. verwittern mit der Zeit und setzen Nährstoffe frei, welche vom Regen in den Boden gebracht werden und dort wieder von den Wurzeln aufgenommen werden können.

Bei diesem Vorgang bildet der Baum mittels der Nährstoffe Zellen, welche wir als Holz wahrnehmen. Wenn ein Baum wächst, dehnt er sich nicht einfach in die Höhe und Breite aus. Er bildet Zelle an Zelle und wächst so in die Höhe und Breite.

## Der Kiribaum im Schweizer Wald und Garten

Den Kiribaum findet man nicht nur in Asien und Österreich. Auch in der Schweiz ist er anzutreffen.
Wer glaubt der Kiribaum ist ein reiner Gartenbaum, der irrt sich. Der Kiri wächst schon viele Jahre auch in unseren Wäldern. Dort, wo das Klima einigermassen mild ist, fühlt er sich wohl. Ich konnte ihn persönlich im Zürcherwald oder oft schon im gesamten Tessin antreffen. Ein Exemplar habe ich sogar im Wald von Altstätten SG gefunden, in welchem ich arbeite.

# Gesamtprojekt Erklärung

Ziel meiner Versuchsfläche ist es, möglichst schnell und trotzdem mit möglichst wenig Aufwand eine Aufforstung zu erreichen. Durch das entnehmen der zahlreichen jungen Eschen und dem mulchen der Brombeeren wurde sehr viel Licht auf den Waldboden gebracht. Dies bedeutet in vielen Fällen eine Flächendeckende Brombeere- und/oder Farn-Fläche, welche über sehr viele Jahre bestehen bleibt. Nach meist sehr langer Zeit schafft es dann der ein oder andere Baum aus dieser Decke zu wachsen. Dann vergehen wieder viele Jahre bis mehrere Bäume durch ihre Kronen Schatten auf die Brombeeren und/oder den Farn werfen. Erst dann bilden sich diese langsam zurück. Sobald sie den Waldboden wieder hergeben, können Sträucher und andere Baumarten aufkommen. In meinem Fall wurde die Fläche für das Projekt radikal geräumt. Ich werde sie nun nach meinen Vorstellungen aufforsten.

Nach dem die jungen, ca. 10-jährigen Eschen und Ahorn auf den Stock gesetzt wurden, wurden die Stämme und Äste in ca. 2-3m lange Stücke zersägt und auf Haufen gelegt. Dies dient der Tierwelt als Unterschlupf. Kurz darauf wurden dann die Kiri-Wurzelstecklinge gepflanzt, welche gut anwuchsen. Die Stöcke der Eschen und Ahorn bilden viele Stockausschläge, welche vom Wild gerne verzehrt werden. Auf meinen Kontrollgängen hatte ich Etiketten dabei, um kleine Sträucher und Bäumchen, welche langsam aufkommen zu markieren. Diese wurden dann jeweils beim Ausmähen der Kiribäume auch kurz freigestellt, um sie zu fördern. So möchte ich verhindern, dass die Brombeeren zu stark aufkommen. Somit kann sich eine grosse Artenvielfalt an Pflanzen ausbreiten, was den Tieren dann auch wieder zu Gute kommt. Die Kiribäume werden nun die nächsten Jahre sehr schnell Schatten auf die Fläche werfen und den Boden durch ihre grossen, nährstoffreichen Blätter, die im Herbst fallen versorgen. Bis dahin werden die Sträucher den Brombeeren den Platz und das Licht nehmen. Bäume, welche durch die natürliche Verjüngung jetzt schon sichtbar sind und auch markiert wurden, können so fast ungestört und mit kleinem Aufwand in eine gute Position gebracht werden. Diese Bäume wachsen nun unter den Kiribäumen, welche nach 12-14 Jahren bereits wieder geerntet werden. Nach der Entnahme der Kiribäume steht also schon ein Waldbestand mit 12-14 jährigen Bäumen und Sträuchern. Das Problem der Brombeere sollte bis dann schon längst Geschichte sein. So erspare ich mir die Kosten für die Pflanzen und die Arbeit der Anpflanzung. Wie viel Zeit und Geld durch die Pflege sowie das Ausmähen der Sträucher und Bäume eingespart werden kann, wird sich im Laufe dieses Projektes zeigen. Ich kann mir vorstellen, dass je nach Stärke der Förderung gewisser Baumarten der Aufwand für die Pflege gleich gross sein wird, wie bei der normalen Pflege von gepflanzten Bäumen. Natürlich habe ich noch einen weiteren Trumpf, das Kiriholz wird nämlich im Verkauf Geld einbringen.

Durch die regelmässigen Kontrollgänge sehe ich die Veränderungen des Waldbodens sehr gut. Anfang Herbst war deutlich sichtbar, dass mein Vorhaben auf einem guten Weg ist und dass das Projekt weiter geführt wird, um weitere Erkenntnisse zu gewinnen.

## Projektfläche

Anfang Mai fuhr ich nach München um mich dort mit Gerd Voigt von der Paulownia Welt zu treffen. Von ihm habe ich einige interessante Tipps rund um den Kiribaum bekommen. Ich kaufte dort etwa 40 Wurzelstecklinge vom Kiri. Um diese zu Hause möglichst rasch in die Erde zu bringen, musste einiges an Vorarbeit geleistet werden. Als allererstes musste ich eine Fläche auftreiben, wo diese Bäume gross werden können. Da wurde ich ziemlich schnell fündig, da der Vater meiner Freundin eine ungenutzte Fläche hatte, welche schon bald komplett von Brombeersträuchern, Waldreben und Eschen überwachsen war. Ich machte mich sehr schnell mit der Motorsäge und dem Freischneider an die Arbeit, um diese Fläche zu räumen. An gewissen Stellen wuchsen die Brombeeren und Waldreben bis zu 2 Meter hoch über Holundersträucher hinaus. Meine Idee war es nun diese Fläche frei zu machen und langsam zu einem Wald heran wachsen zu lassen. Damit ich dies möglichst rasch hinbekomme, sollen die Kiribäume möglichst schnell in die Höhe schiessen, um dort etwas Schatten auf den Boden zu bekommen. Darunter dürften Brombeere und Waldreben keine Chance mehr haben und eine grosse Artenvielfalt an Sträuchern und Bäumen sollte aufkommen. Ich sehe in unseren Wäldern leider oft riesige Flächen, welche nach einem Holzschlag oder Brand einfach mit Brombeeren, Waldreben, Farn usw. zuwachsen.

Oft müssen hunderte Bäume gepflanzt und über Jahre hinweg gepflegt werden, was sehr mühsam, anstrengend, zeitaufwendig und somit mit hohen Kosten verbunden ist. Nun möchte ich diese etwas spezielle Art von Aufforstung ausprobieren. Die Versuchsfläche wurde also komplett gemulcht und die Eschen zersägt. Die Stämme und Äste wurden aufgehäuft und dienen jetzt der Tierwelt als Biotop (Lebensraum). Als ich nun von München zurück war, wurden die Wurzelstecklinge im Abstand von etwa 4 Meter in die Fläche gepflanzt. Dafür wurden etwa 2 Tage benötigt. Etwas später wurden an einem anderen Ort noch einige Stecklinge gepflanzt und zuletzt setzte ich noch einige bei mir zu Hause in Töpfe. Es dauerte etwa 2 Wochen bis Anfang Juni die ersten Wurzeln austrieben. Es war eine Zeit der Ungewissheit, der Standort ist nicht besonders tiefgründig und die Sonne schaute auch nicht allzu lange vorbei. Zudem war es in dieser Zeit extrem trocken. Der Boden war voller Risse. Ich wusste nicht recht, ob ich bewässern muss oder ob der mickrige Niederschlag den es ab und zu gab ausreichen würde. Ich schaute praktisch jeden Tag auf der Fläche vorbei. Als sie dann austrieben, ging es sehr langsam voran, weil sie zu wenig Wasser hatten. Nach meinem momentanen Wissensstand, hätte ich sie bewässern müssen. Zu Hause in den Töpfen ging es wesentlich schneller, diese bekamen immer wieder Regenwasser aus der Giesskanne. Etwa 1-mal im Monat musste ich die Bäume grosszügig Ausmähen, da sonst die Brombeeren und Waldreben die jungen Bäumchen niedergerungen hätten.

Anfang Juli wuchsen die Bäume schon relativ schnell, sie erreichten Höhen von bis zu einem Meter. Das Wetter passte mir noch gar nicht. Es war viel zu kalt für diese Jahreszeit aber wenigstens war es nicht mehr so trocken wie im Frühling. Bevor ich in die Ferien ging, mähte ich nochmals alles grosszügig frei und lies die Bäume wachsen. In den Ferien erreichte mich dann die Nachricht vom Unwetter, welches Altstätten heftig getroffen hat. Mir wurde es dann schon etwas unwohl als ich Videos und Bilder im Internet gesehen habe.

Ich wusste nicht so recht, ob es auch die Kiribäume zur Strecke gebracht hat.
Als ich dann von den Ferien zurück war, war der Anblick erschreckend. Die Bäume standen zwar noch senkrecht, ihre grossen Blätter waren jedoch durchlöchert und zerfetzt.

Wieder wurden meine Nerven auf die Probe gestellt, auch dieses Mal ging es einigermassen gut aus. Nur 2 Bäume erlagen dem Unwetter, die andern bildeten langsam neue Blätter und wuchsen dann weiter. Der Sommer ist auch zu diesem Zeitpunkt noch nicht wirklich zu spüren. Es regnete bis Anfang September fast immer und die Temperaturen stiegen sehr selten über 25 Grad. Vom Wetter her hatte ich mir also ein ziemlich schlechtes Jahr ausgesucht.

Bei den Bäumen konnte ein Wachstum bis etwa Anfang Oktober festgestellt werden. Ab Mitte Oktober verfärbten sich die Blätter langsam gelblich und es konnte nur noch ein Dickenwachstum festgestellt werden, da sich die Nährstoffe aus den Blättern in den Stamm zurückzogen. Die meisten Bäume erreichten eine Höhe von etwa 80cm bis 120cm. Dies ist für einen solchen Sommer nicht schlecht. Mein ganzer Stolz erreichte eine Höhe von fast 180cm. Dieser wäre bei einem normalen Sommer locker über die 2m hinaus geschossen. Von diesem Baum wurden Wurzelstückchen entnommen, um ihn zu vermehren. Im Winter werden dann die einjährigen Triebe am Boden abgeschnitten. Nächstes Jahr sollten aus den Stöcken Triebe von 2-3 Metern ausschlagen. Dies, weil in den bereits vorhandenen Wurzeln viele Nährstoffe vorhanden sind und die Wurzeln eine Grösse erreicht haben, in der sie viele Nährstoffe aus dem Boden ziehen können. Dies führt zu einem raschen und kräftigen Wachstum. Im Moment laufen Gespräche über eine weitere Fläche, welche angepflanzt werden soll. Auch weiterhin werden Flächen gesucht, was in der Schweiz jedoch etwas schwierig ist.

Als die Bäume schon etwas gewachsen waren, wählte ich willkürlich 3 Kiris aus. Diese wurden dann alle 2-3 Tage gemessen. Eigentlich dachte ich die Balken werden wesentlich steiler und viel weiter nach Oben steigen. Dem war jedoch nicht so, der Sommer schaute dieses Jahr bei uns leider nicht vorbei. Ich bin trotzdem einigermassen zufrieden, denn trotz allem haben zwei von diesen dreien die 100cm geknackt. Einer ist mit etwa 65cm etwas abgeschlagen. Des Weiteren ist interessant, wie der Kiri Nr.3 ab der 18. Messung einfach nicht mehr wachsen wollte. Es konnten keine Beeinträchtigungen festgestellt werden. Auch die Blätter blieben saftig grün. In der gleichen Zeit wuchs der Kiri Nr.2 40cm in die Höhe. Bemerkenswert war Kiri Nr.1. Er wuchs von Messung 6 bis 11 stolze 22cm, zwischen der Messung 7 und 8 innert 2 Tagen sogar 6cm.

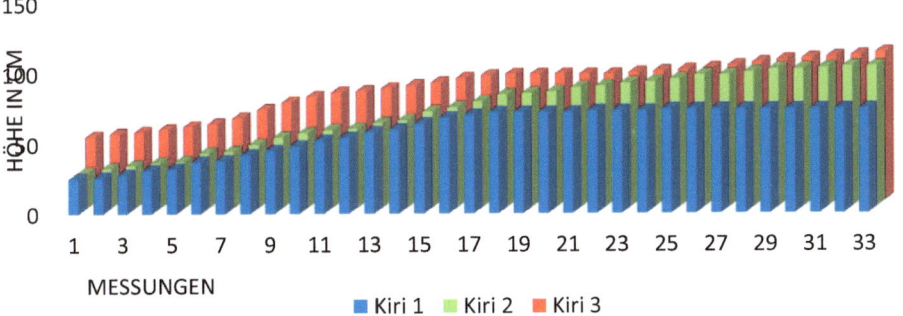

## ZUWACHSDIAGRAMM

# Interview (Peter Diessenbacher, WeGrow)

**Wie sind Sie auf die Idee gekommen Kiribäume anzupflanzen?**

Als ich eine Kiribaumscheibe aus dem Bonner Botanischen Garten in den Händen hielt, fiel mir auf, wie schnell er diese Grösse erreicht hat. Ich fing an zu recherchieren und fand, dass in diesem Baum noch viel Potenzial steckt.

**Hatte der schlechte Sommer bei Ihnen auch Auswirkungen auf die Bäume?**

Nein, durch den häufigen Niederschlag und die gut abgestimmte Sorte NordMax21 war das Jahr sehr gut für die Kiribäume.

**Auf wie viele Hektaren haben Sie bis jetzt Kiribäume angepflanzt?**

Bisher auf über 130 Hektaren. In Spanien sollen zusätzlich 180 ha bepflanzt werden.

**Wie viele Leute sind bei Ihnen angestellt?**

Je nach Saison und Tätigkeit sind mehr oder weniger Saisonarbeiter auf unseren Plantagen.

**Müssen die Kiribäume im Winter vor der Kälte speziell geschützt werden?**

Die Eigenzucht NordMax21 ist unseren Verhältnissen gut angepasst. Wäre bei dieser Menge an Bäumen auch nicht realistisch.

**Wovor haben Sie am meisten Angst?**

Es gibt nichts wovor ich Angst haben muss, alles ist sehr sorgfältig geprüft und durchdacht.

**Mit wie viel Euro pro Kubik Holz kann gerechnet werden?**

Je nach Qualität des Holzes variiert der Preis sehr stark. In China bekommt man etwa 180 Euro für einen Kubik B Qualität. Jedoch haben wir bei uns eine viel intensivere Maserung des Holzes was natürlich als Furnierholz hoch interessant ist. Auch für alle anderen Produkte kann mit hohem Erlös gerechnet werden, da das Holz in seinen Eigenschaften einfach einzigartig ist. Zudem ist es bei uns eine Rarität.

**Welche Rekordwerte konnten Sie auf Ihren Plantagen feststellen?**

**z.B. Blattdurchmesser, Zuwachs pro Jahr oder Jahrringbreite.**

Blattdurchmesser von 80-100cm sind keine Seltenheit und nach dem Rückschnitt auf den Stock können die Kiri locker 4-6 Meter in nur einer Wachstumsperiode in die Höhe schiessen. Ein Dickenzuwachs von 5 cm ist auch bei uns möglich. In Spanien sogar 8cm.

Der Kiri wächst etwa 8-10mal schneller als eine Eiche.

**Peter**

**Diessenbacher**

Dipl.-Ing.agr. Peter Diessenbacher ist Diplom-Agraringenieur und war vor der Gründung der WeGrow GmbH mehrere Jahre als wissenschaftlicher Mitarbeiter an der Universität Bonn im Forschungsbereich „Nachwachsende Rohstoffe" tätig. Am Forschungsstandort Campus Klein Altendorf (bei Bonn) koordiniert er auch heute als externer Doktorand unter anderem Untersuchungen zur weiteren Ertragssteigerung des Kiribaumes in der Praxis. Er ist außerdem Experte in den Bereichen der biogenen Festbrennstoffe sowie der Pelletierung von Biomasse. Als Gastdozent hält er regelmässig Vorträge und Vorlesungen an nationalen und internationalen Universitäten und Fachhochschulen im Bereich der Land- und

Forstwirtschaft. Des Weiteren ist er Autor zahlreicher wissenschaftlicher Fachbeiträge zum Thema Nachwachsende Rohstoffe und Bioenergie. 2008 organisierte er das 1. Deutsche Paulownia-Symposium und ist seitdem Leiter des Deutschen Paulownia Netzwerkes. Als technischer Geschäftsführer verantwortet er sämtliche Vorgänge der Standortauswahl, der Pflanzenproduktion, der Pflanzungen sowie der Plantagenpflege und des Holzvertriebes für die laufenden Projekte.

(Text aus www.we-grow.de übernommen)

Das Interview mit WeGrow habe ich bewusst gewählt, weil Sie für mich die erfahrenste Firma im Umgang mit den Kiri Bäumen ist. Ihre Firmastruktur und der Umgang mit den Medien sind sehr zufriedenstellend. Durch das innovative Denken der Führungspersonen, ihre Art der Firmenführung und ihre Geschäftsidee haben sie die besten Voraussetzungen sich im Markt zu etablieren. Sie haben es geschafft mit Fonds, in die jeder investieren kann, 13 Mio. Euro einzuholen, um so ihre Projekte finanzieren zu können. Peter Diessenbacher wirkte auch während der Führung und des Interviews stets sehr abgeklärt und sympathisch. Er wusste auch bei kritischen Fragen immer eine präzise und schnelle Antwort. Ich schätze es sehr, dass sich Peter Diessenbacher von der WeGrow GmbH Zeit genommen hat und sich meinen Fragen stellte und diese beantwortet hat.

# Plantagenführung von WeGrow in Mannheim

Als WeGrow auf ihrer Homepage eine Kiri-Plantagen Führung ankündigte, musste ich nicht lange überlegen und meldete mich sofort an. Kurze Zeit später kam dann auch schon die Bestätigung. Am 13. September war es dann so weit. Morgens um 9 Uhr fuhr ich gemeinsam mit meinen Eltern Richtung Norden. Nach etwa zweieinhalb Stunden gab es auf einer Raststätte das Mittagessen. Nach einer weiteren Stunde Fahrzeit trafen wir in Heidelberg ein, wo ich Kiri-Leimholzbretter holte, welche ich zu Hause für diverse Tests brauchte. Danach war es nicht mehr weit und wir kamen in Ladenburg bei Mannheim an.

Dank dem Navi und der Wegbeschreibung war die Plantage schnell gefunden. Da unsere Zeit locker berechnet war, waren wir sehr früh vor Ort. Ich nutzte die Gelegenheit und schaute mir das Ganze schon mal etwas an. Wir staunten nicht schlecht. Gerade für meine Eltern war es speziell, da sie sich noch nicht viel unter dem Kiribaum vorstellen konnten.

Als es dann 15 Uhr war, wurden wir von Peter Diessenbacher, dem Gründer der WeGrow GmbH und seiner Begleitung, begrüsst. Es wurde sofort Kaffee und Mineral angeboten und zu essen bekam man leckere Äpfel und belegte Brote. Als dann die etwa 15 angemeldeten Personen mit verschiedensten Interessen da waren, fing Herr Diessenbacher mit der Führung an. Die Führung war hoch interessant, ich konnte dreieinhalb Seiten mit Notizen füllen. Es wurde viel über die Plantage, den Kiribaum und den Beginn sowie die Zukunft der Firma WeGrow GmbH gesprochen. Peter Diessenbacher wusste ganz genau, was er sagen wollte und brachte dies mit einer sehr angenehmen Aussprache und seiner abgeklärten Art rüber. Die Teilnehmer konnten fragen, was sie wollten, Herr Diessenbacher wusste ohne zu überlegen eine Antwort und konnte alles verständlich erklären. Es gab während der Führung immer wieder Momente, welche uns zum Staunen brachten. Am Ende konnte ich noch meine Interviewfragen beantworten lassen. Einige waren aufgrund der ausführlichen Führung bereits beantwortet. Ich konnte viele Fotos machen und viele Informationen auffassen, welche mir bei dieser Vertiefungsarbeit sehr geholfen haben. Für meine Eltern war es ebenfalls sehr interessant und lohnenswert. Auf dem Weg nach Hause, fing ich an die Stichworte in Sätze und Texte zu verfassen bis es dunkel wurde. In der Nacht um etwa 23 Uhr kamen wir nach insgesamt 7 Stunden 30 Minuten Fahrzeit und 800 km im Rheintal an.

33

# Vom Anbau bis zur Ernte

Vor dem Anbau ist eine saubere Planung sehr wichtig. Wenn eine Plantage angelegt werden soll, muss darauf geachtet werden, dass der Standort gut erreichbar ist, damit die Wege für Maschinen etc. möglichst kurz gehalten werden. Das bringt eine raschere und bequemere Pflanzung und bei der Ernte kann das Holz so direkt auf LKWs verladen und an den Käufer geliefert werden. Bei der Pflege der Bäume kann so auch direkt auf die Plantage gefahren werden und je nach Grösse auch befahren werden. Dies vereinfacht und verkürzt die Arbeiten, welche auf der Plantage anfallen, erheblich. So werden die Kosten möglichst tief gehalten und am Schluss wird ein möglichst hoher Gewinn erzielt.

Doch mit der Erreichbarkeit ist es noch nicht getan. Der gewählte Standort muss einen geeigneten Boden aufweisen. Dieser muss fruchtbar, locker und mind. 2m tiefgründig sein, damit die Wurzeln sich gut verankern können. Der pH-Wert sollte leicht sauer bis neutral sein.

Auch auf die klimatischen Bedingungen muss Rücksicht genommen werden. So sollten eine Niederschlagsmenge von mindestens 600ml und ein mildes Klima über eine möglichst lange Zeit gegeben sein. Die Pflanzmenge pro Hektare (100 x 100m) beträgt etwa 400-600 Pflanzen, welche jeweils etwa 4m voneinander entfernt gesetzt werden. Dabei wird im „5er" Muster gepflanzt, dies ergibt ein Raster welcher Maschinell sehr effizient genutzt werden kann und den Bäumen noch mehr Platz ergibt. Je nach Grösse der Plantage ist es sinnvoll eine Pflanzmaschine zu benutzen. Ansonsten sollte mit Laser oder einer Schnur gepflanzt werden, damit die Reihen gerade werden. Für die Pflanzung können Wurzelstecklinge oder auch Sämlinge, welche bereits bis zu 20cm gross sind, verwendet werden. Man muss auch genau wissen, welche Art man pflanzen möchte und welche überhaupt geeignet ist. Die Qualität des Pflanzgutes ist natürlich auch von grosser Bedeutung. Nach der Pflanzung muss am Anfang eventuell noch bewässert werden, wenn gerade kein Niederschlag absehbar ist. Schon bald hat sich das Pflanzgut weiter verwurzelt und holt Nährstoffe aus dem Boden. Danach geht es ziemlich zügig voran. Die Pflanzen bilden immer grössere Blätter, welche eine riesige Fläche aufweisen (60-100 cm). Mit diesen grossen Blättern kann viel Photosynthese betrieben werden und die Pflanzen können sehr schnell wachsen. In dieser Zeit ist der Aufwand auf der Plantage relativ gering. Es muss eigentlich nur gemäht werden. Wenn die Blätter im Herbst dann gefallen sind, sieht man nur noch einen geraden, astlosen Trieb, welcher etwa 1.5 bis 2.5 Meter hoch ist. Diese Triebe werden dann am Boden abgeschnitten. Im Folgejahr werden diese Triebe dann aufgrund der bereits vorhandenen Wurzeln und der dort gespeicherten Nährstoffe eine Höhe von über 3 Metern, bestenfalls bis zu 5 Meter erreichen. Würde man zum Beispiel einen älteren ca. 12-jährigen Kiribaum auf den Stock setzen, so könnten Stockausschläge von bis zu 10 Meter gemessen werden. Ab etwa dem dritten Jahr nach der Pflanzung werden dann die Äste von unten nach oben langsam aufgeastet. Dabei ist viel Erfahrung nötig. Bei der Wertastung (Stamm wird von Ästen befreit) ist wichtig, dass etwa 2/3 Stamm und 1/3 Krone eingehalten werden. Doch sollte dieses Verhältnis erst vorhanden sein, wenn sich die Kronen gegenseitig berühren (Kronenschluss).

Eine sogenannte Wertastung ist nötig, damit später im Holz keine Äste vorhanden sind. Diese schönen geraden, astfreien Stämme können dann z.B. als Furnierholz verkauft werden, welches viel Geld bringt. Auch insgesamt ist ein astfreies Holz qualitativ hochwertiger und lässt sich viel besser verkaufen. Die Äste werden bei der Wertastung einfach in die Gassen geworfen und dort gemulcht (zerkleinert). Dieses Material wird sich so rasch zersetzen und bringt die Nährstoffe wieder in den Boden, dasselbe geschieht mit den Blättern. Diese bringen dank ihrer Grösse ebenfalls viele Nährstoffe zurück in den Boden. Die qualitativ schlechtesten Bäume können nach und nach auf den Stock gesetzt werden. Diese werden wieder ausschlagen und erreichen bald wieder die Höhe der andern, haben jedoch noch nicht den gehabten Stammdurchmesser. Der Kiribaum wächst die ersten 3-4 Jahre sehr schnell. Durchschnittlich etwa 2 Meter pro Jahr. Danach baut er eher auf das Dickenwachstum des Stammes auf, wobei er trotzdem noch immer etwa 1 Meter Höhenzuwachs aufweist. Nach 12-15 Jahren werden die Bäume einen Brusthöhendurchmesser von 45cm übertroffen haben und können geerntet werden. Im nächsten Frühling schlagen dann frische Triebe aus den Stöcken und das ganze kann von vorne beginnen. Experten sagen, dass dieser Vorgang etwa dreimal gemacht werden kann.

# Bild Doku

**Samen vom Kiribaum**

**Nach 1 Monat ca. 30cm hoch.**

**Kiri nach etwa 2 Wochen.**

**Wurzelstecklinge**

**Versuchsfläche**

**Ausschlag aus dem Wurzelsteckling.**

**Kiribaum-Früchte.**

**Im Frühling wurde hier ein Ast abgeschnitten. Im Herbst war er schon fast zugewachsen.**

**10-jährige Kiribaum-Scheibe.**

**Vom Rehbock mit den Hörnern gefegt.**

**Kurze Zeit später gut verheilt.**

**Am 25. Oktober noch immer grün.**

**Keine 2 Wochen nach dem Blattfall.**

**Einer meiner Bäumchen.**

**Schnecken**

**Grosser Kiri im Tessiner-Wald.**

**Beim Vermessen.**

41

# Argumente für den Kiri Baum

Unsere Bevölkerung wächst rasant. Gleichzeitig wird Holz immer beliebter und vielseitiger eingesetzt. Unsere Wälder werden immer kleiner und somit steigen auch die Holzpreise. Ich würde Plantagenbewirtschaftungen auf der ganzen Welt begrüssen, um die Wälder und somit auch die Tierwelt zu schonen. Auf Plantagen kann gezielt das angebaut werden, was gebraucht wird. Plantagenprodukte können meistens zeitlich und mengenmässig ziemlich genau geplant werden, so dass auch Käufer immer wissen, wann ein Produkt zur Verfügung steht. So können auch diese ihre Arbeit besser einteilen. Es kann eine Qualität erreicht werden, die im Wald praktisch nicht vorhanden ist. Zudem kann je nach dem, was angebaut wird eine Kombiplantage (Intercropping System) für eine noch höhere Effizienz und bessere Ökologie sorgen.

So setzt man z.B. einfach die Baumreihen etwas weiter auseinander und nutzt die Reihen dazwischen für Nahrungsmittel oder als Weideland für Schaffe etc. In diesem Falle werden also Holz und Nahrungsmittel gefördert, welche beide immer knapper werden. Zudem schaffen Plantagen Arbeitsplätze.

Der Kiri kann mit seinen grossen Blättern, welche viele Nährstoffe besitzen, einen Boden aufwerten. Innert wenigen Wochen werden diese Blätter durch Mikroorganismen zu wertvollem Humus verarbeitet.

Das Holz des Kiribaumes ist sehr vielseitig einsetzbar. Durch seine Leichtigkeit und gleichzeitig hohe Stabilität wird dieses Holz sogar in Ski, Snowboard, Surfboards oder Tischtennisschlägern etc. verbaut. Auch Instrumentenbauer verwenden es sehr gerne für Klangkörper und als Furnier auf der Oberfläche. Unsere Sofas bestehen im inneren auch oft aus einer Kiri-Holz Konstruktion. Auch hier nutzt man den Vorteil des geringen Gewichtes und der gleichzeitig hohen Stabilität. Auch für alle andern Möbel wird gerne Kiri verwendet. In China wird fast ausschliesslich mit Kiri-Holz gearbeitet. Würde man aus dem Kiri-Holz Spanplatten herstellen, so würde diese pro Kubik nur gerade mal 350kg wiegen. Diese hat aber die gleiche Stabilität, wie eine herkömmliche Spanplatte, welche pro Kubik 650kg wiegt. Man könnte also viel Gewicht einsparen. Hinzu kommt noch, dass es durch seine grossen Zellen sehr gut isoliert, was heut zu Tage beim Bau eines Hauses sowieso sehr wichtig ist. Auch brennt das Kiri-Holz erst bei einer Temperatur von deutlich über 400 Grad, wo andere schon unter 300 Grad brennen. Durch seine schöne, verspielte Maserung können exklusive Möbel gebaut und auf dem Luxusmarkt abgesetzt werden. Für mich ist Holz im Allgemeinen der beste Rohstoff den es auf unserer Welt gibt. Holz ist ein nachwachsender Rohstoff, der mit nachhaltiger Bewirtschaftung unserer Wälder unerschöpflich ist. Es bringt uns viele Arbeitsplätze und kann vielseitig eingesetzt werden.

Holz wird z.B. aus dem Wald geerntet, wird dann in einer Sägerei zugeschnitten und danach wird es vom Schreiner oder Zimmermann weiterverarbeitet, bevor es dann bei uns zuhause z.B. als Tisch, Stuhl, Bett oder Schrank etc. genutzt wird. Auch wenn die Möbel bei uns ausgedient haben, ist das Holz noch nicht ausgenutzt. Holz kann dann noch als Energieholz verwendet werden.

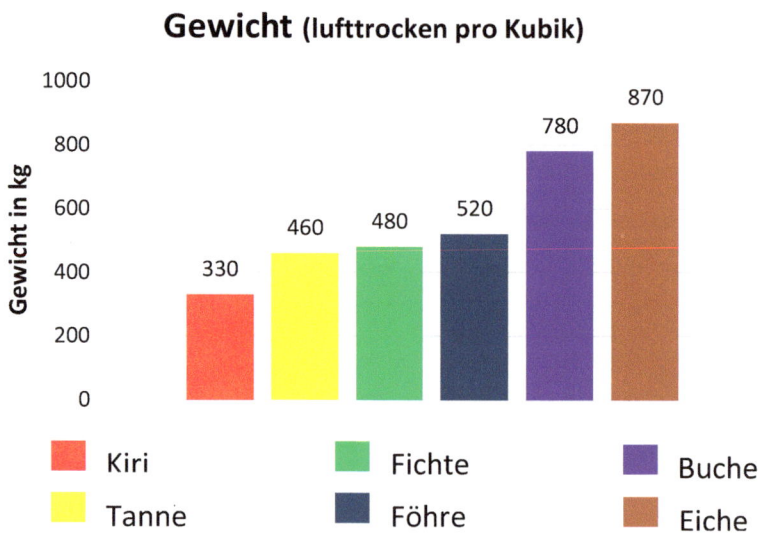

Auf diesem Diagramm kann man sehr deutlich sehen, wie leicht das Kiriholz im Vergleich zu andern, beliebten Gehölzen ist. Die Zahlen wurden aus dem Forstkalender entnommen und als Diagramm dargestellt.

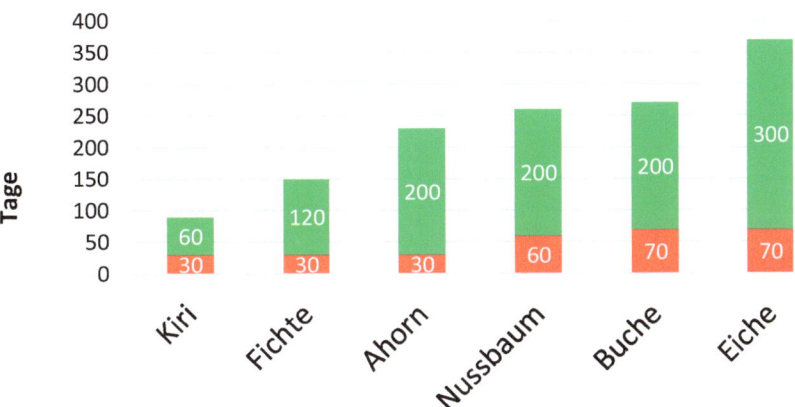

**Trocknungszeit unter optimaler Bedingung**

Unter optimalsten Bedingungen trocknet das Kiri-Holz innerhalb von 30 bis 60 Tagen.

Auf dieser Darstellung zeigt rot den besten Fall und grün den Normalfall. Bei diesen Trocknungszeiten wird von Holzofenscheiten, wie sie oft in Haushalten vorgefunden werden, ausgegangen. Zahlen aus www.holzwurm-page.de, eigene Darstellung.

# Preisentwicklung von Investments

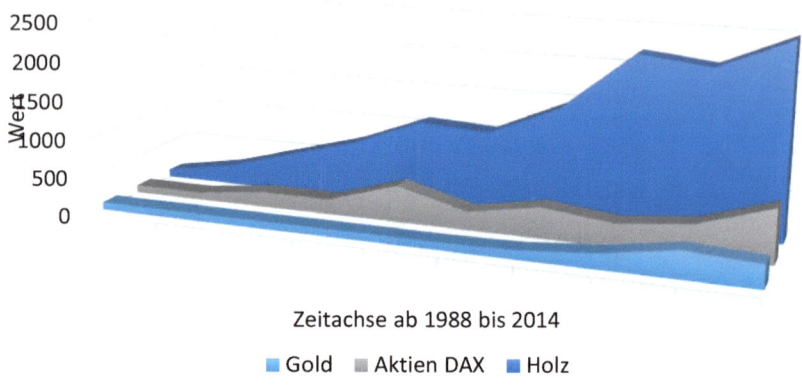

Zeitachse ab 1988 bis 2014

Gold    Aktien DAX    Holz

Für dieses Diagramm wurden die Zahlen von Gold, DAX und Holz im Jahre 1988 auf „100 Punkte" gestellt. Alle drei sind also gleich gestartet. Nun können wir sehr gut sehen, wie sich diese entwickelt haben. Holz schiesst nun 26 Jahre später mit 2500 Punkten ganz deutlich oben auf. Der Wert hatte auch nie wirklich eine Talfahrt. Gold ist heute auf etwa 250 Punkten und der DAX auf 650 Punkten. (Zahlen aus dem Life Forestry Group Katalog)

# Schlusswort

Wenn ich kurz zurück schaue, kann ich nur sagen, dass ich mit diesem Thema zu 100% ins Schwarze getroffen habe. Dieses Projekt ist sehr spannend und ich freue mich auch in Zukunft daran weiter zu arbeiten, um weitere interessante Erkenntnisse daraus zu ziehen. Es lief mir über die ganze VA relativ locker. Die Motivation zum Projekt war bereits vor dem Beginn der eigentlichen Vertiefungsarbeit gross. Während der VA stieg diese Motivation dann sogar noch weiter an und es fiel mir sehr leicht einen grossen Teil meiner Freizeit zu opfern. Es gab auch keine Momente an denen ich Zweifel hatte, dass etwas schief laufen könnte. Ich habe auch zu diesem Zeitpunkt, wo das Ende der Arbeit nahe ist noch keine Angst vor einer Note, die meinen Erwartungen nicht gerecht werden kann. Ich habe diese Arbeit für mich geschrieben. Die Erfahrungen, die ich sammeln konnte, haben mich weit gebracht und aufgrund der Weiterführung dieses Projektes werde ich weiterhin dazulernen. Die Vertiefungsarbeit und den damit verbundenen Druck haben mich gepuscht und auch angetrieben, gewisse Dinge sofort zu erledigen, wo ich mir sonst viel mehr Zeit gelassen hätte. Doch heute bin ich froh, dass ich durch diese VA etwas aufgebaut habe, was ich in Zukunft brauchen kann und was mir noch lange Freude bereiten wird. Für die Arbeit holte ich sehr wenige Informationen aus fremden Texten. Das allermeiste habe ich selber erlebt und erarbeitet, was durch meine eigene Projektfläche und einige Ausflüge gut machbar war. Ich habe gemerkt, dass ich während der Arbeit eine grosse Disziplin hatte. Es wurden fortlaufend Fotos gemacht, diese sofort auf den Laptop geladen und dort im „VA Ordner" abgelegt. Dieser Ordner war ebenfalls sehr geordnet. 486 Fotos auf 13 Ordner verteilt war bloss der Anteil Medien, welche von mir stammen. Hinzu kommen weitere 24 Ordner mit Texten.

Daraus wurde dann die VA gestaltet, was durch diese Ordnung eine wahre Freude war. Arbeiten draussen, rund um die Kiribäume wie z.B. Mähen, Kontrollgänge oder sonstige Tätigkeiten wurden auch bei Regen oder im Dunkeln der Nacht noch ausgeführt. Bis zum jetzigen Zeitpunkt wurden rund 140 Stunden für die VA investiert. Dazu kommen dann noch die Korrekturarbeit und die Feinarbeit der Gestaltung und das Binden, was schlussendlich eine Gesamtarbeitszeit von etwa 150 Stunden ergibt. Während diese Zeilen geschrieben werden, haben wir auf dem Kalender den 21. Oktober 2014, was heisst, dass es noch fast 2 Monate bis zum Abgabetermin sind. Da ich von Anfang an konstant an der Arbeit war, habe ich nun genügend Zeit die VA fertigzustellen und mich auf den mündlichen Teil zu konzentrieren. Das zeigt mir, dass es so viel einfacher wäre, als alles auf den letzten Drücker zu erledigen.

In Zukunft führe ich mein Projekt um die Aufforstung weiter und in wenigen Jahren werde ich Ergebnisse haben, um die Wirksamkeit der Methode beurteilen zu können. Dazu werde ich auch versuchen Möglichkeiten zu finden, um den Kiribaum in grösserer Menge anzupflanzen, um ihn wirtschaftlich zu nutzen.

## EIGENSTÄNDIGKEITSERKLÄRUNG

Ich bestätige mit meiner Unterschrift, dass die vorliegende VA von mir erstellt wurde und alle fremden Informationen und Gedanken als solche gekennzeichnet und ordnungsgemäss zitiert wurden.

Ich weiss, dass ein Plagiat (Diebstahl geistigen Eigentums) als Betrug bewertet wird.

22.10.2014 Rebstein

# Vielen Dank

www.ingramcontent.com/pod-product-compliance
Lightning Source LLC
Chambersburg PA
CBHW050833290526
45792CB00001B/370